Ingrid Schmidt

Stoffdruck

Wege zu individuellen Dekoren

Frech-Verlag Stuttgart

Anschrift der Autorin:
Ingrid Schmidt
Freizeit-Akademie
Schloßstraße 24
3548 Arolsen

Auflage: 5, 4, 3, 2,	Letzte Zahlen
Jahr: 1989 88 87 86	maßgebend

ISBN 3-7724-1016-2 · Best.-Nr. 1016

frech-verlag
GmbH + Co. Druck KG Stuttgart
Druck: Frech, Stuttgart 31

Dieses Buch über Stoffdrucktechniken will Sie ermuntern, eine alte Möglichkeit der Stoffbemusterung selbst zu ergreifen und so selbstgestaltete Textilien für Ihr Heim, Ihre Garderobe oder für Geschenke zu schaffen. Es gibt heute Textilfarben, die sich für alle Gewebe und Materialien eignen, vorausgesetzt die Oberfläche des Stoffes ist glattfaserig. Die Farben sind pastos, durch Überbügeln fixierbar und dann waschmaschinenfest und kochecht.

Haben Sie Mut zur Kreativität, auch wenn Sie glauben, kein Talent zum Malen oder Zeichnen zu besitzen, denn drucken können Sie mit allem, was Struktur hat. Schauen Sie sich nur einmal um, wieviele interessante und vorgegebene Formen uns die Natur bietet!

Wie Sie diese Formen auf unkomplizierte Art und Weise zum eigenen Gestalten einsetzen und dabei bisher noch unvermutete Talente entwickeln können, will ich Ihnen in diesem Buch zeigen.

Ingrid Schmidt

Mit Stoffdruck gestalten?

Da die Farben unempfindlich in der Behandlung sind und geeignet für alle Stoffarten, auch Mischgewebe, werden Ihrer Fantasie keine Grenzen gesetzt.
In Ihrem Haushalt finden Sie viele, bereits gebrauchte Textilien, die sich für den Anfang als Malgründe verwerten lassen. Eine getragene Bluse, ein Rock, ein T-Shirt bekommen ein neues Gesicht. Ein Herrenhemd mit durchgescheuertem Kragen wird zu einer bedruckten Stehbündchenbluse. Aus dem noch festen Rand eines dünngewordenen Bettuchs entstehen Sets, Deckchen, Servietten, Bucheinbände.
Oder brauchen Sie neue Gardinen, dazu passende Lampenschirme? Wünschen Sie sich vielleicht eine Tischdecke oder eine fantasievoll bedruckte Tasche?

Womit kann man drucken?

Drucken läßt sich mit allem, was Struktur hat. Das Bild zeigt einige Naturmaterialien, die dazu geeignet sind.
Natürlich können Sie sich auch selbst Druckstempel herstellen, z. B. aus halbierten Äpfeln, Zwiebeln, Kartoffeln, aus Radiergummis, Linoleum, auch ein gut strukturierter Stoff, z. B. Rupfen, erfüllt den Zweck.

Abbildung rechts:
Die Tasche wurde mit einem Blatt und einem Rindenstück bedruckt. Die Titelseite zeigt einen Ausschnitt daraus.

84

Arbeitsmaterial

Farben
Da die Textilfarben untereinander mischbar sind, brauchen Sie zunächst nur einige Standardfarben wie Rot, Blau, Gelb, Grün, Braun, Weiß, Schwarz.
Sie können damit jeden beliebigen Zwischenton mischen. Benutzen Sie dazu ein leeres Gefäß, z. B. Joghurtbecher, damit die Standardfarben unverändert bleiben.

Pinsel
Zum Farbauftrag benutzen Sie Flachpinsel mit weichen Borsten. Das Einsetzen von Feinheiten wie Konturen, Schatten, Linien und Punkte geschieht mit einem Rotmarderpinsel Nr. 3 oder Nr. 5.
Die Pinsel werden in Wasser gereinigt und nach jedem Reinigungsvorgang auf einem Stück Küchenpapier gut ausgedrückt damit die Farbe beim nächsten Farbauftrag nicht verdünnt wird.

Druckrolle
Eine Gummiwalze, wie sie für den Linoldruck verwendet wird, kann als Druckwalze dienen.
Besser und billiger ist eine feste, glatte Papprolle, weil diese die einmal durchgekleckste Farbe nicht mehr weitergibt. Die Papprollen finden Sie als Wickelkern für Küchenfolien, Stoffrollen usw.

Unterlage
Die Tischabdeckung sollte weich sein. Gut geeignet ist ein mehrfach zusammengelegtes Moltontuch oder eine

Decke. Fertige Kleidungsstücke, die durch den Druck nur ein neues Gesicht bekommen sollen, lassen sich am besten auf einem Bügelbrett bearbeiten. Auch dieses sollte abgedeckt werden.
Zwischen Werkstück und Unterlage legen Sie ein Löschblatt oder eine Zeitung, damit überschüssige Farbe aufgesaugt wird.

Appretur entfernen
Die Stoffaser muß frei von Appretur sein, nur dann kann sie die Farbe aufnehmen. Der Stoff oder das Kleidungsstück muß also vor dem Bedrucken gründlich gewaschen werden. Sie dürfen dazu keinen Weichspüler verwenden, da dieser wie Appretur wirkt.

Drucken mit Naturmaterialien

Blätterdruck
Suchen Sie zuerst frische Blätter, die eine ansprechende Form und auf der Rückseite eine gut profilierte Aderung haben. Blätter mit haariger Rückseite sind für den Stoffdruck ungeeignet, weil sie zuviel Farbe halten.
Breiten Sie das Werkstück auf der Druckunterlage aus und markieren Sie mit einem weichen Bleistift Anhaltspunkte für das Muster.

Die folgenden Bilder zeigen Ihnen Schritt für Schritt die Arbeitsabläufe für den Blätterdruck.

Mit dem Flachpinsel wird die Farbe gleichmäßig auf der Rückseite des Blattes aufgetragen. Führen Sie den Pinsel in der Richtung der Hauptadern, damit sich die Farbe nicht vor den dicken Adern staut.

Legen Sie das Blatt mit der eingefärbten Seite auf das Werkstück. Vorsicht! Beim Auflegen darf das Blatt nicht über den Stoff gezogen werden.
Mit dem Pinselstiel lassen sich bei zarten Blatt- oder Rankenteilen noch geringe Lageveränderungen vornehmen.

Decken Sie das Blatt mit einem Stück saugfähigen Papier ab. Gut geeignet dazu ist Toilettenpapier. Überschüssige Farbe wird dadurch beim Druck nicht auf den Stoff gekleckst, sondern von der Abdeckung aufgenommen.

Rollen Sie nun **einmal** mit leichtem Druck vom Stiel zur Spitze über das abgedeckte Blatt.
Die Abdeckung entfernen und das Blatt vorsichtig vom Stoff abheben.

Freuen Sie sich über den gelungenen Abdruck.

Hier noch einige Tips:

Der Erstabdruck von einem Blatt oder einem Druckstempel sollte immer auf einem Stück Küchenrolle oder auf einem Probeläppchen gemacht werden. So sehen Sie, ob sich das Blatt oder der Stempel zum Drucken eignet. Gelingt der Erstabdruck nicht, versuchen Sie einen zweiten Probedruck. Manche Blätter nehmen erst beim zweiten Einstreichen die Farbe richtig an. Farbschattierungen entstehen durch die Verwendung von zwei Farben beim Farbauftrag auf das Blatt. Jeder Abdruck ist farblich nuanciert, wirkt lebendiger.
Ein einmal ausgewähltes Blatt läßt sich viele Male zum Druck verwenden. Blätterdruck ist nicht von der Jahreszeit abhängig; auch im Winter finden sich Blätter an immergrünen Pflanzen in der Natur und im Haus.

Druck mit Hölzern und Früchten

Ein verwittertes Holzstück, Flaschenkorken und Rinde, eine Korkfläche, ein halbierter Apfel, eine Ähre sowie Früchte von Mohn, Ahorn und Lotos sind auf diesem Bild zu sehen. Sie sind Beispiele für die Vielzahl der Naturmaterialien, die sich alle für den Stoffdruck eignen.

Vielfach haben sie keine so glatte Druckfläche wie die Blätter. Damit sich die Stempel gut eindrücken, ist eine weiche Unterlage wichtig.

Streichen Sie bei solchen Materialdrukken die Fläche gleichmäßig, aber dünn in Richtung der Struktur mit der Textilfarbe ein. Gerade die zarten Rippen der Mohnkapsel werden nur bei dünnem Farbauftrag sichtbar.

Drücken Sie die Mohnkapsel auf das Werkstück und führen Sie dabei eine sanfte, kreiselförmige Bewegung aus.

Dieses Dekor ist eine Kombination von Holz- und Pinseldruck.

Ein verwittertes Lattenholz dient als Druckstock. Zuerst werden mit dem stumpfen Rundpinsel die bunten Blütenpunkte aufgetragen. Dann werden die Blüten mit Zeitungs- oder Löschpapier abgedeckt, um eine Überlagerung der Strukturen, bei dem nun folgenden Druck mit dem Lattenholz, zu vermeiden.
Ahornfrüchte, dünne Korkflächen, kann man wie Blätter abdecken und mit der Druckrolle andrücken.
Andere, griffigere Materialien benutzt man wie Stempel. Bei sehr zarten Stempeln, wie z. B. Mohn, arbeiten Sie besser ohne Papierlage zwischen Werkstück und weicher Unterlage.
Die Schnittflächen von Äpfeln, Zwiebeln müssen vor dem ersten Farbauftrag auf Küchenpapier abgedruckt werden, damit der Saft entfernt wird.

Die Poren verschiedener Schwämme sind auch Gestaltungselemente im Stoffdruck. Sie können damit Ränder drucken, Flächen strukturieren, Blüten stilisieren und Bäume darstellen.
Mit dem Flachpinsel streichen Sie Farbe auf die ausgewählte Stelle des Schwammes. Drücken Sie den Schwamm mit leichtem Druck auf das Werkstück. Mit der Stärke des Druckes können Sie das Druckergebnis beeinflussen.

Auch beim Schwammdruck sollten Sie durch einen Probedruck die Arbeitsweise des Schwammes testen. Da der Schwamm die Farbe gut hält, können Sie mit einem Farbauftrag mehrmals drukken.

Nach dem Druck und vor jedem Farbwechsel den Schwamm gut auswaschen und das restliche Wasser in Küchenpapier ausdrücken.

Pinseldruck

Verschiedene Strukturen lassen sich im Stoffdruck mit Pinseln erzielen. Durch den Abdruck von kleineren und größeren Flachpinseln entstehen Randmuster oder geometrische Flächenmuster. Mit den Abdrücken eines stumpfen Rundpinsels können Sie einfache Blumenmuster kombinieren. Siehe Seite 10.

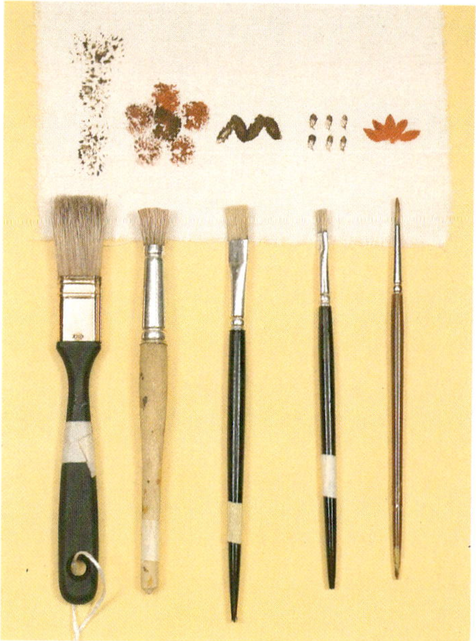

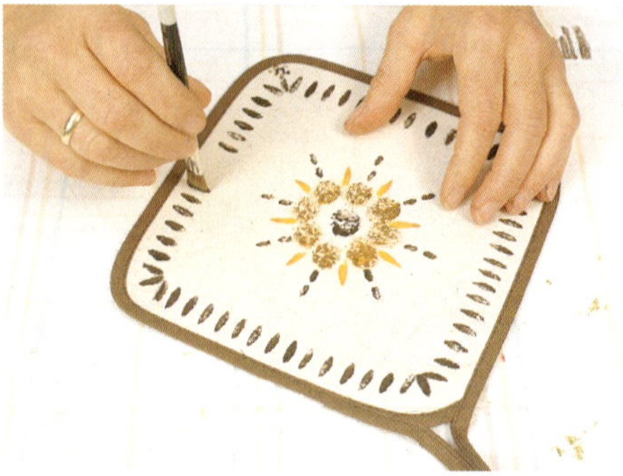

Auch mit dem spitzen Rotmarderpinsel lassen sich Pinseldrucke zu Mustern und Blüten kombinieren. Die Abbildung zeigt die Entstehung einer Löwenzahnblüte. Bei der Arbeit mit dem spitzen Pinsel tauchen Sie, abweichend von der sonst üblichen Arbeitsweise, den Pinsel für jedes Blatt neu in die Farbe. Je tiefer Sie den Pinsel eintauchen, desto länger kann das Blütenblatt werden.

Bild unten:
Dieses Blütenmotiv ist ein Kartoffeldruck. Nur die Stiele und Blütenmitten wurden nachträglich mit dem Pinsel aufgemalt.

Kartoffeldruck

Der Kartoffeldruck ist eine in Schulen und Kindergärten gern angewendete Drucktechnik. Die Druckstempel werden selbst hergestellt. Zum Ausarbeiten des Stempelbildes ist ein Linolschnittmesser erforderlich.

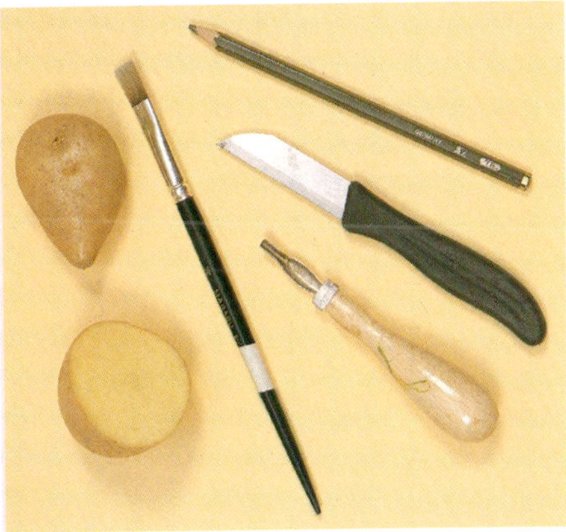

Suchen Sie sich eine Kartoffel in der ungefähren Größe Ihres beabsichtigten Motivs, hier ein Blütenmotiv. Dafür brauchen sie eine runde Kartoffel in Blütengröße; denn die Kartoffel soll möglichst ihren natürlichen Schalenrand behalten.

Zuerst teilen Sie die Kartoffel mit einem einzigen glatten Schnitt, zu dem Sie ein schartenloses Küchenmesser benutzen. Achten Sie beim Schneiden darauf, daß die Teile groß genug werden und gut zu greifen sind. Das Muster können Sie sich mit einem Filzschreiber oder weichen Bleistift auf der Schnittfläche der Kartoffel andeuten.

Wählen Sie nun aus den Linolmessern die v-förmige Feder und heben Sie mit ihr die angedeuteten Linien aus der Fläche. Am besten arbeiten Sie von der Außenkante zum Zentrum hin. Die Linolfeder wird außen mit Druck angesetzt, der beim weiteren Schnittverlauf gemildert wird. So entsteht außen eine breite Furche, die sich zum Zentrum hin verjüngt. Die Blütenmitte heben Sie dann mit einer breiteren Feder aus.

Und noch ein Tip: Wenn Sie, wie auf dem Bild sichtbar, beim Schneiden mit der Feder den Daumen der rechten Hand an die Außenwand der Kartoffel legen, können Sie den Schnittverlauf besser steuern.

Möchten Sie ein Motiv schneiden, das nicht der Kartoffelform entspricht, dann ritzen Sie erst, wie vorher angegeben, das

Motiv in die Fläche ein. Mit dem Küchenmesser alle überflüssigen Teilflächen entfernen. Stiele lassen Sie besser nicht auf dem Stempel stehen, sondern malen diese später mit dem Pinsel ein.
Mit dem Flachpinsel die Farbe auftragen. Führen Sie den Pinsel in der Richtung der Struktur des Motivs. Bei einer Blüte also vom Zentrum nach außen, bei einem Blatt vom Stielansatz zur Spitze. Der Druck wirkt später durch die Struktur des Farbauftrags natürlich belebt. Farbe, die sich in den Ritzen und an den Kanten des Stempels staut, immer wieder entfernen. Die Lebendigkeit des Kartoffeldrucks und die räumliche Tiefe des Motivs erreichen Sie, wenn Sie nach einem Farbauftrag zweimal drucken. Der schwächere Zweitdruck liegt dann, gegenüber dem stärkeren Erstdruck, im Hintergrund und kann von dem Erstdruck auch teilweise überlagert werden.
Auch mehrere Drucke können sich – wie hier bei dem Schmetterling – zu einem Motiv zusammenfügen. Die Feinarbeit bleibt jedoch dem Pinsel überlassen. Mit ihm malen Sie den Körper des Schmetterlings, strukturieren die Mitte der Blüten, malen Stiele, und vieles Feine mehr.
Sie können ein Motiv auch zweifarbig drucken, wenn Sie den Stempel mit zwei verschiedenen Farben einstreichen. Bei den Stiefmütterchen in der Detailaufnahme deutlich zu sehen.
Ihre Kartoffelstempel lassen sich auf einer feuchten Unterlage und in einem verschlossenen Gefäß mehrere Tage im Kühlschrank lagern. Sie brauchen also nicht an einem Tag mit einem größeren Werkstück fertig werden.

Schablonendruck

Der Schablonendruck, oder besser, die Schablonenmalerei, läßt sich überall dort einsetzen, wo ein Motiv oft wiederholt werden soll. Weihnachtsmotive auf Karten,' ständig wiederkehrende Motive an Rändern oder auf Flächen kann man mit der Schablone malen, wenn ein Stempeldruck zu aufwendig erscheint; denn das Schablonenmotiv kann in einem Arbeitsgang mehrfarbig gestaltet werden.
Der Rand der Leinendecke wurde mit einem Schablonenmotiv bemalt.

Folienschablonen haben gegenüber den Papier- oder Pappschablonen den Vorteil, daß sie immer wieder benutzt werden können und auch seitenverkehrt auflegbar sind.
Zur Herstellung einer Schablone verwenden Sie eine feste, durchsichtige Kunststoffolie. Legen Sie ein Stück Folie auf das vorgezeichnete Motiv. Fixieren Sie die Folie an zwei Ecken mit Klebestreifen und ziehen mit einem wasserfesten Filzschreiber die Umrisse nach. Nun ritzen Sie mit einem Linolmesser die Konturen des Motivs in die Folie und entfernen das ausgeschnittene Innenteil. Abbildung auf Seite 16.

Wenn Sie die Schablone auf Ihrem Werkstück plaziert haben, fixieren Sie diese mit zwei Klebestreifen, damit sie während der Arbeit nicht verrutscht.
Nehmen Sie, ähnlich wie beim Pinseldruck, mit einem stumpfen Pinsel nicht zuviel Farbe auf und stupfen senkrecht – von den Kanten zur Mitte hin – das Motiv mit Farbe aus. Die linke Hand hilft mit, indem sie die Schablonenränder fest auf den Stoff drückt, dadurch erhält das Motiv später randscharfe Konturen.

Der Ausschnitt aus einem **einfachen** Schablonenmotiv läßt sich auch als Negativschablone verwenden. Befestigen Sie den Ausschnitt mit Stecknadeln auf dem Werkstück und stupfen Sie, an den Rändern entlang, die Farbe mit einem Pinsel oder Schwamm auf.

Feinheiten im Motiv, wie die Konturen im Faltenwurf des Engels, die Mitte und die Staubgefäße in Blütenmotiven, sowie Stiele an Blättern werden nachträglich mit einem Rotmarderpinsel aufgemalt. So verliert jedes Schablonenmotiv das „Schablonenhafte“, die Einförmigkeit ständiger Wiederkehr. Farblich lassen sich die Flächen auch abstufen, wenn Sie beim Farbwechsel den Pinsel nicht auswaschen, sondern nur auf Küchenpapier ausstreichen. Sie erreichen damit ständig wechselnde Farbübergänge und eine harmonische Farbgebung.

Dieser Ausschnitt eines Blusenmusters zeigt eine Kombination von Schablonenmalerei und Blätterdruck.

Die Schablone läßt sich auch zum Vorzeichnen eines Motivs benutzen.
Legen Sie z. B. die Schablone einer Blüte auf die ausgewählte Stelle des Werkstücks und fahren dann die Konturen mit einem weichen Bleistift nach.

Zum Ausmalen der Blüte nehmen Sie den Rundpinsel und ziehen die Farbstriche vom Blattrand zur Blütenmitte. Die Blütenmitte selbst bleibt zunächst ungefärbt. In einem **zweiten** Arbeitsgang werden die gelben Staubgefäße aufgemalt.

Fixieren der Werkstücke

Sind die Muster auf Ihrem Werkstück fertig, sollten die Farben mindestens 1–2 Stunden trocknen.
Fixiert, d. h. kochecht, waschmaschinenfest und lichtecht werden die Textilfarben durch eine Wärmebehandlung.

Das Werkstück wird mit einem dünnen Bügeltuch abgedeckt und die Bügeleisentemperatur dem Gewebe entsprechend eingestellt. Bei Dampfbügeleisen darf kein Wasser im Behälter sein.

Bewegen Sie das Bügeleisen gleichmäßig und langsam über die abgedeckte Stelle.
Bei kochechten Geweben aus Baumwolle und Leinen genügen ca. 4 Minuten. Bei pflegeleichten Geweben und solchen, die mit niedrigerer Temperatur gebügelt werden müssen, fixieren Sie ca. 5–7 Minuten. Je niedriger die Temperatur, desto länger müssen Sie bügeln. Das gilt auch, wenn Sie große Flächen fixieren. Bei der großflächigen Bewegung mit dem Bügeleisen wird das Werkstück nicht so stark erwärmt wie bei kleinen Flächen.
Achten Sie darauf, daß das Bügeleisen nicht direkt mit den Druckmustern in Berührung kommt: die Farben könnten ausschmieren. Erst nach der ersten Wäsche, wenn alle von der Faser nicht gebundene Farbe aus dem Gewebe heraus ist, können Sie unbesorgt über die Farbflächen bügeln.

Fertige Werkstücke

Die Bilder und Texte auf den folgenden Seiten sollen Ihnen Anregungen geben, wie Sie die Muster auf eigenen Werkstükken planen und gestalten können.
Welche Vielfalt von Möglichkeiten Sie haben, auf kleinsten bis ganz großen Flächen kreativ zu sein, mag Ihnen dabei deutlich werden. Ich hoffe, Sie haben beim Betrachten der Abbildungen noch viele neue Ideen und wünsche Ihnen Freude und Erfolg bei deren Ausführung.

Auf dieser Leinendecke vereinen sich die Abdrücke von Brombeer-, Klee- und Feuerahornblättern sowie einer kleinen Ranke einer Zimmerpflanze mit den Abdrücken von Ahornfrüchten und Mohn.

Die Leinensets auf den Seiten 21 und 22 zeigen Kartoffeldruckmuster.
Diese Beispiele machen deutlich, welche Gestaltungsmöglichkeiten sich bei der Gliederung von Randmotiven bieten.

Tischwäsche und andere Gebrauchsgegenstände

Dieses Mitteldeckchen entstand als Musterprobe für einen Kartoffeldruck auf Gardinen.

Weihnachtsdecke – eine Kombination von Schablonenmalerei und Materialdruck (Lebensbaumzweig).

Eine Anregung für die Gestaltung von Taschen. Diese Modelle sind sehr praktisch und leicht herzustellen. Auf der kleineren erkennen Sie einen Blätterdruck von einem Ahornblatt. Die größere Tasche zeigt eine Negativ-Positiv-Schablonenmalerei. Die Ränder der weißen Vögel und der Himmel wurden mit einem Schwamm gestupft.

Auch Lampenschirme gehören zu den Gegenständen, die Sie individuell gestalten können. Das Motiv auf diesem seidenen Lampenschirm ist eine Zusammenstellung von Schwamm-, Mohn- und Kartoffeldruck.

Nur zwei Radiergummistempel mußten geschnitten werden, um die Muster dieser Kissen zu drucken.

Auch Topflappen können zum Gestalten anregen. Abdrücke von Flaschenkorken zieren die beiden linken Topflappen. Der mittlere wurde mit einem Blätterdruck (Blatt einer Passionsblume) gestaltet. Die Blütenmuster der beiden rechten sind Kartoffeldrucke.

Links: Schablonenmalerei auf Rupfen.

Eine Kombination von Schwamm-, Holz- und Blätterdruck sehen Sie auf dem rosagrundigen Bucheinband. Buchblock und Buchdeckel sind schon vorbereitet erhältlich.

Die Schwalben auf der Karte und dem „Gästebuch“ entstanden als Kartoffeldruck auf Seide. Deutlich sind hier die Erstdrucke als dunkle Schwalben vor den helleren Zweitdrucken zu erkennen.

*Bild links:
Miniaturbildchen, als Schwamm-, Kartoffel- oder Materialdruck hergestellt, sind hier in vorgefertigte Passepartoutkarten geklebt.*

Diese als Papprohlinge erhältlichen Schächtelchen sind mit Stoff beklebt, der zuvor mit Mohndrucken und Pinselstrichen verziert wurde.

Auch Gardinen lassen sich individuell gestalten.

Keine Angst vor großen Flächen! Mit Kartoffel- und Blätterdruck schaffen Sie es.

S '84

Kleidung

Passend zur Hosenfarbe sind die Farbtöne für die Blüten auf der Stehbündchenbluse gemischt. Als Stempelmaterial für die Blüten diente ein Plastikradiergummi. Die Blätter und Schmetterlingsflügel wurden mit einem Kartoffelstempel gedruckt.

Mohn und Lebensbaum dienten als Stempel für diese vielseitig kombinierbare Bluse.

Mit der Schablone wurden die roten Rosen vorgezeichnet, die den Blätterdruck auf der Bluse ergänzen. Auch hier wurde die Blütenfarbe passend zur Hose gemischt.

Mit Radiergummiblümchen und Kartoffeldruckschmetterlingen sind die verschiedenen Motive auf den einzelnen Flächen dieses T-Shirts gestaltet.

Das Rückenmotiv

Dieses T-Shirt wurde nur mit Kartoffelstempeln bedruckt.

Drucke mit Clematisblättern und gemalte Clematisblüten vereinen sich auf dieser Bluse zu einem Muster. Zum Vorzeichnen der Blüten wird eine Schablone benutzt. Die Schablonenform ist in Originalgröße auf Seite 44 abgebildet.

Ein einfaches T-Shirt wird durch diese Schablonenmalerei zum individuellen Kleidungsstück.

Das Bild zeigt die Autorin mit einem ihrer Modelle. Auf diesem Kleid aus Leinen ist Holzdruck mit Pinseldruck kombiniert. Die Druckarbeiten wurden nach dem Zuschneiden der Einzelteile ausgeführt. Frau Schmidt sagte: „So entstand aus einem alten, handgewebten Bettlaken mein meistgetragenes Sommerkleid.“

Auch dieses Kleid ist ein „Modell“, für das ein im Handel erhältliches Schnittmuster verwendet wurde. Die strengen Linien sind mit dem Holz gedruckt, die verspielten Arabesken und Blüten mit dem Rotmarderpinsel eingezeichnet.

Die Abdrücke eines verwitterten Holzstücks, kombiniert mit den Abdrücken einer Flechte (Baumbart) ergaben das Muster für diesen Schal.

Motivvorlagen

Auf den folgenden Seiten sind Motivteile in Originalgröße abgebildet. Es sind Teile aus Motiven, die auf Werkstücken in diesem Buch zu sehen sind.
Mit diesen Abbildungen will ich den Lesern Hilfestellung geben, die außer dem Druck mit Naturmaterialien auch die anderen Techniken wählen möchten, aber glauben, nicht zeichnen zu können.
Am besten Sie kopieren das gewünschte Motiv und fertigen den Stempel oder die Schablone wie beschrieben an.
Versuchen Sie Ihr eigenes Motiv zusammenzustellen. Ich habe bewußt auf vollständige Motive verzichtet, weil ich aus Erfahrung als Kursleiterin vieler Volkshochschul- und Freizeitakademiekurse weiß, daß rechte Freude über ein gelungenes Werkstück erst dann aufkommt, wenn das Muster selbst zusammengestellt wurde.

Stempel für Kartoffeldrucke
(rote Linie = Kartoffelform im Querschnitt)

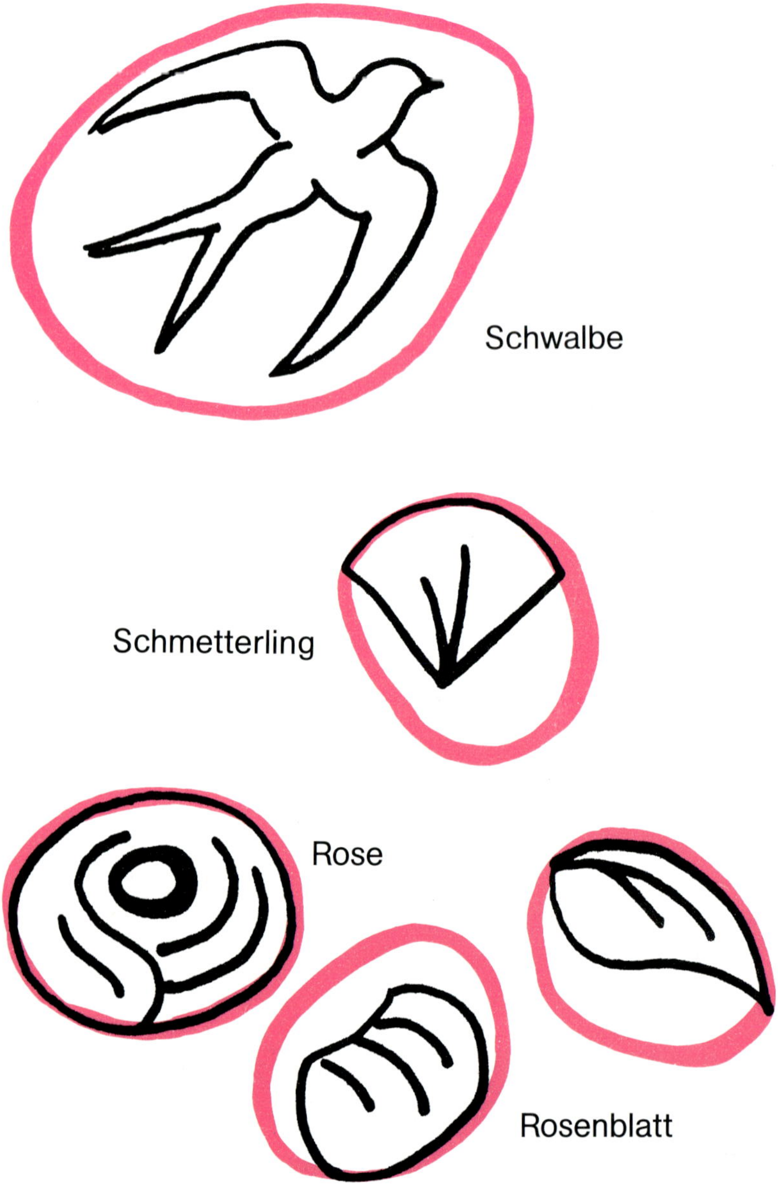

Stempel für Kartoffeldrucke
(rote Linie = Kartoffelform im Querschnitt)

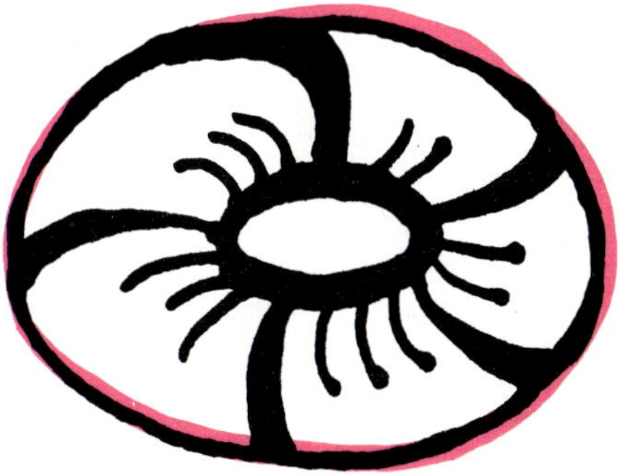

Blüte, Set

Blätter

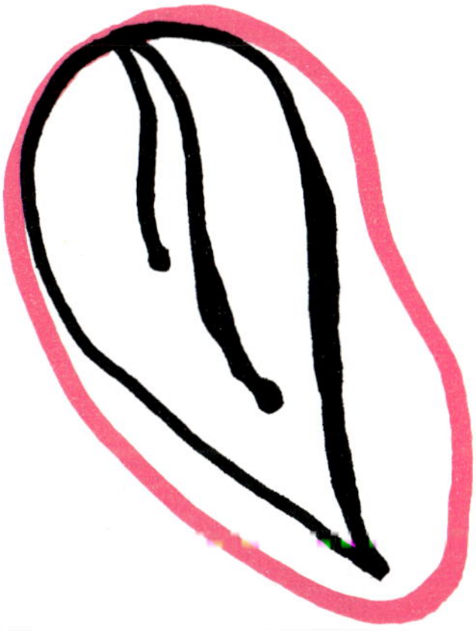

Stiefmütterchen

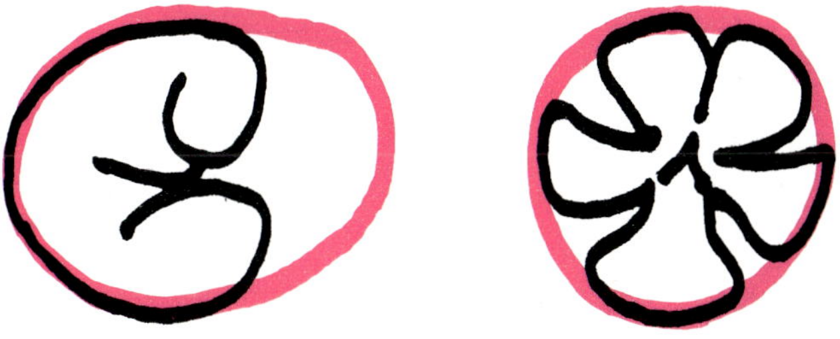

Veilchen
mit Blatt

Formen
für den
Schablonendruck

Formen für den Schablonendruck

Formen für den Schablonendruck

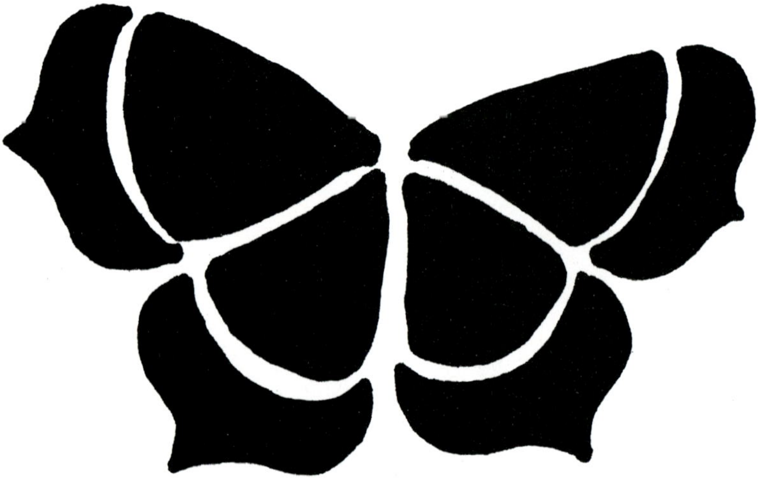

Formen für den Schablonendruck

Auswahl aus über 400 TOPP-Titeln

Mit Papier gestalten

656 van Vliet, Papierfalttechnik
788 Sakata, Origami
693 Stettler, Transparente Fenstersterne
861 Stettler, Papierfiligrane = Quilling
924 Wurst, Quilling Vorlagen DIN A 4

Mit Farbe gestalten

601 Gaißer, Papierbatik
767 Gaißer, Marmorieren
650 Kühnemann, Malen Sie mal!
527 Jaxtheimer, Malen mit Ölfarben
796 Gorke, Wachskreide
900 Stähle, Kalligraphie

Plastisch gestalten

910 Hettinger, Freude am Modellieren
922 Terhoeven, Bilder modellieren
1019 Hettinger, Salzteig neue Wege
889 Glende, Salzteig-Floristik
911 Buresch, Puppenkurs (Salzteig)
526 Husberg, Keramik als Hobby
878 Rübsam, Keram. Gefäße gegossen
1010 Niederreuther, Gießtöpfern
795 Schmitz, Keramik, 6 Vorschläge
858 Kaupisch, Freizeittöpfern
1001 Blödner, Wachsreliefs

Mit Blumen gestalten

914 Vocke, Hydrokultur
859 Rohrer, Dekor. mit Schnittblumen
880 Matsunaga, Ikebana n. Moribana
842 Dilger, Winterl. Gestecke
852 Heller, Blumenschmuck
886 Rohrer, Ornamentale Floristik
932 Holl, Natur-Collagen
1008 Frank, Gepreßte Naturschönheiten
970 Raffel, Trockenblumen sammeln
903 Schurr, Bäumchen + and. Dekorat.
913 Walz, Kränze a. getrockn. Material
669 Haid, Ruskusgebinde Salzb. Art
854 Seehuber, Ideen a. d. Chiemgau
873 Rieger, Blumen binden, Salzb. Art
999 Roder, Hüte folkloristisch

Mit Naturmaterial . . .

641 von Stetten, Mit Würzigem basteln
703 Rensing, Basteln mit Körnern
820 Frischmann, Nuß- u. Zapfenbuch
713 Fleischer, Peddigrohr
734 Jüngling, Stroh, Sterne u. ähnl.
899 Walz, Basteln mit Span
545 Kühnemann, Steine geklebt

Mit Holz gestalten

698 Friedrichs, Laubsägen
524 Hoppe, Schnitzen in Holz
528 Jeep, Kerbschnitzen
585 Wilhelm, Drechseln für jedermann
881 Wilhelm, Drechseln, Mappe 1
553 Lumm, Brandmalerei
931 Grauwiller, Brandmalerei-Dekore
632 Weiß, Wäscheklammern
927 Glende, Orig. a. Wäscheklammern

Bauernmalerei etc.

718 Lumm, Volkskunst Bauernmalerei
530 Kühnemann, Bauernmalerei, Einf.
841 Stegmaier, Truhen . . ., Mappe 14
906 Gratzl, Bauerngemalte Bilder, 17
908 Gratzl, Blumenbilder, naturalist. 19
876 Stegmaier, Naive Malerei auf Holz

Glas und Porzellan

702 Brunner, Glasritzen
765 Kühnemann, Glasritzen, Mappe
766 Lumm, Glasritzschule, Mappe
777 Kühnemann, Glasätzen
893 Lederle, Glasätzen Spiegel, M. 2
779 Haid, Spiegel – geätzt, bemalt . . .
612 Khan-Leonhard, Hinterglasmalerei
875 Stegmaier, H'glasmalerei, Mappe 5
647 Reinhardt, Transp. Glasmalerei
803 Lumm, Porzellan-Malschule
935 Kesten, Porzellanmalerei
916 Polla, Malen auf Porzellan
804 Pratsch, Glasbilder nach Tiffany
855 Pratsch, Lampen in Tiffanytechn.
976 Remmert, T.-Gewächshäuschen
951 Wilfer, Tiffany 8, Spiegel
994 Falkenstein, Tiffany 13, Fenster
995 –, Tiffany 14, Gewächshäuschen

Metallarbeiten, Emaillieren

925 Schöni, Kupferritzen
926 Schöni, Kupferritzen Vorlagen
548 Neumann, Metalldrücken
658 Göhs, Galvanisieren
920 Haid, Aus Gold- und Silberdraht
751 Meidenbauer, Zinnfiguren

Textiles Werken

864 Diekmann, Garne spinnen
675 Kühnemann, Weben – Einführung
692 Riedl, Bildweben mit Kindern
905 Täubner, Weben mit Stäbchen
942 Wenzky, Sprang
930 Hellmuth, Röcke v. Handwebstuhl
840 Kopp/Victor, Stricken
832 Frankl, 124 Strickmuster
511 Buchwald, Hüttensocken gestrickt
1005 Piechulek, Strickmützen
599 Buchwald, Strickmühle
856 Fischer, Kunststricken – Einführung
611 Zechlin, Wollreste
844 Lochbühler, Lampen gewebt . . .
808 Fausel, Häkeln – ein Lehrgang
746 Ondori, Häkeln dekorativ
836 Ondori, Feine Filet-Häkeldecken
809 Vorländer, Filet-Häkeln für Fenster
860 Ternes, Moderne Filetstickerei
789 Lewis, Gestickte Mustertücher
676 Hagedorn, Leinenstickerei
774 Gombert, Schwälmer Weißstickerei
885 Altner, Abstrakte Stickerei
639 Spandl, Kreuzstich
744 Bellon, Klöppeln – kl. Lehrgang
883 Krieger-Straub, Klöppeln, Mappe 4
1007 Löhr, Klöppeln 8
791 Graff-Höfgen, Occhi – Einführung
810 Glende, Applikationen
717 Rensing, Spitzen-Collagen
674 Walz, Makramee-Blumenampeln
694 Wenzelburger, Makr.-Lampen
772 Walz, Makr.-Ideen fürs Heim
895 Walz, Neue Blumenampeln
929 Niesseler, Makramee und Weben

Stoffe färben + bemalen

1016 Schmidt, Stoffdruck
633 Wildcohütte, Batiken – Lehrgang
769 Digne, Auf Seide malen
849 Kühnemann, Seidenmalen
848 Kühnemann, Seidenmalerei M. 2
1024 Sakai, Seidenmalerei Mappe 7
921 Groeger, S'malerei zum Anziehen
1006 Barthelmes, S'malerei Modetrends
949 Gaißer, Marmorieren auf Seide
813 Krauss, Textile Miniaturen

Puppen

662 Dvorak, Puppen selbstgemacht
987 Franck, Puppengarderobe 2
1027 Reinckens, Puppen zum Liebhaben
957 Ganter, Puppenkinder
776 Wittke, Gestrickte Handspielpuppen
938 Seyd, Porzellanpuppen
969 Seyd, Stilvolle Puppenkleidung 2
869 Wolters, Exquisite Puppen
998 Herbstritt, Dekorative Puppen
954 Heinrich, Trachtenpuppen
853 Heinrich, Puppen aus Rupfen
967 Bardehle, Hexen
680 Becker, Marionetten bauen
964 Walz, Spieltiere Mappe 1
1004 Zechlin , Stofftiere mit Pfiff

Weihnachten und Ostern

743 Wurst, Adventskalender
640 Wittkamp, Adventsgestecke
912 Dilger, Basteln i. d. Adventszeit
1018 Glende, Adventsschmuck klassisch
952 Raffel, Advent floristisch
731 Kühnemann, Basteln um Weihnacht.
845 Dilger, Für den Weihnachtsbasar
965 Kauffmann, Weihnachtsschmuck
843 Walz, Weihnachtliches aus Stroh
728 Rensing, Wir basteln Krippenfiguren
730 Frischmann, Figuren für die Krippe
1009 Bösch, Krippendarstell. aus Rupfen
802 v. Hennet, Ostereier Osterschmuck
923 Walz, Fröhliches Osterbasteln
940 Bott, Ostereier färben + verzieren
991 Harms, Das schöne Ei
992 Geiger, Kunstvoller Osterschmuck
993 Kurz, Wachsgravierte Ostereier

Verschiedenes

539 Kühnemann, Nie mehr Langeweile
745 Buttig, Das ganze Jahr Kinderfest
735 Friedrichs, Laternen
797 Zechlin, Geschenke + Mitbringsel
936 Frischmann, Naturkost-Süßigkeiten
928 Scholz, Perlen gestickt + gewebt
937 Laue, Hübsch verpacken
566 Sadoune, Fadenspannbilder
747 Dilger, Basteln mit Wachs
1025 Zeller, Kerzen verzieren
794 von Sengbusch, Feldbackofen
556 Michaeli, Gartenteiche, Wasserspiele